Anonymous

Der wohlmeinende Bauern-Freund: ein nützlicher Ratgeber für den lieben Bauersmann

Enthaltend die wichtigsten ökonomischen Verrichtungen wie solche im Haus und Stall, im Feld, Wald und Garten etc. in jedem Monat des Jahres vorzunehmen sind

Anonymous

Der wohlmeinende Bauern-Freund: ein nützlicher Ratgeber für den lieben Bauersmann
Enthaltend die wichtigsten ökonomischen Verrichtungen wie solche im Haus und Stall, im Feld, Wald und Garten etc. in jedem Monat des Jahres vorzunehmen sind

ISBN/EAN: 9783743471474

Hergestellt in Europa, USA, Kanada, Australien, Japan

Cover: Foto ©Lupo / pixelio.de

Weitere Bücher finden Sie auf **www.hansebooks.com**

Vorwort.

Es ist eine altherkömmliche und bestimmte Regel, daß nur in jenem Haushalte wahrer Segen und wirkliches Gedeihen ist, wo Gottesfurcht, Ordnungsliebe, Reinlichkeit und Obachtsamkeit in allen Dingen ihren ständigen Wohnsitz aufgeschlagen haben.

Ein kluger und verständiger Landwirth wird daher stets Das im Auge haben, was für ihn vortheilhaft und nutzbringend ist; er wird vor Allem dafür besorgt sein, daß ein jedes Geschäft, sei es im Haus oder Stall, im Feld, Wald oder Garten, zu seiner gehörigen Zeit und auf eine solche Weise verrichtet werde, daß für ihn der entsprechende Nutzen zu erwarten und zu hoffen ist.

Unter solchen Umständen wird er auch ein genaues Augenmerk auf seine Dienstboten haben und sie bei ihren täglichen Verrichtungen gehörig überwachen; denn es ist eine anerkannte Sache, daß da, wo fahrläßige und leichtsinnige Dienstboten sich befinden, der Hausstand sich gewiß nicht verbessert, sondern allmählig seinem Verderben nahe gebracht wird. Dagegen aber ist es auch wieder des Hausvaters erste Pflicht, wenn er treue und verläßige Dienstboten besitzt, dieselben zu achten und zu schätzen, und deren zeitliches und ewiges Wohl mit derselben Sorgfalt zu pflegen, wie sein eigenes.

Ein chriſtlicher Hausvater wird vor Allem dafür bemüht ſein, daß Religion und Gottesfurcht, Tugend und Ehrbarkeit nicht blos von ihm, ſondern von allen ſeinen Angehörigen in aufrichtiger, erbauender Weiſe gepflegt werden; er wird kein wichtiges Geſchäft unternehmen, ohne dazu mit den Seinigen im andächtigen Gebete den Segen Gottes erfleht zu haben, von dem alles Gute kommt; denn Gott allein verleihet Wachsthum und Gedeihen, und nur ſeiner Güte verdanken wir Alles, was wir beſitzen; daher iſt es billig und recht, daß wir ihn darum täglich bitten, und nur unter dieſer Vorausſetzung dürfen wir hoffen, daß unſer Thun und Walten ein erſprießliches und gedeihliches ſein wird.

Daß wir nebſtdem auch das unſrige beitragen und durch Fleiß und Thätigkeit bemüht ſein müſſen, alle Verrichtungen, welche bei der Oekonomie und Landwirthſchaft erforderlich ſind, gehörig und zur rechten Zeit zu vollführen, iſt vor Allem ein Haupterforderniß, und die Aufgabe dieſes Büchleins iſt, dem lieben Landmanne als Richtſchnur zu dienen, auf welche Verrichtungen derſelbe in jedem Monate des Jahres ſein Augenmerk zu richten hat.

Jeder Monat beginnt daher mit der allgemeinen Ueberſicht: Was ein Hauswirth verrichten ſoll; an dieſelbe reiht ſich dann die Pflege der Hausthiere ꝛc., und folgen hierauf die Geſchäfte, ſo auf dem Felde, im Wald und Garten u. ſ. w. zu verrichten ſind. Dieſen reihen sich für jeden Monat höchst wichtige Gesundheitsregeln an, welche durchaus nicht ausser Acht zu lassen sind, wenn man auch in dieser Beziehung manchen Nachtheil von sich abwenden will.

Diese Lehren sind einem Buche entnommen, das schon seit undenklichen Zeiten von praktischen Landwirthen vielfach benützt und als vorzüglich anerkannt wurde; und wir zweifeln daher nicht, daß dieser Auszug, in welchem das Nöthigste in praktischer Kürze gesammelt und geordnet ist, fleißig benützt und zweckdienlich angewandt wird.

Dieß der Wunsch

des Herausgebers.

Im Januar.

Was ein Hauswirth verrichten soll: Die ganze Natur und Pflanzenwelt liegt in diesem Monate noch in so tiefem Schlummer, daß der Landwirth ausserhalb des Hauses wenig zu thun hat. Man läßt deßhalb in dieser Zeit die Geschirre und Ackergeräthe untersuchen und das Fehlende ausbessern. Die Mägde verbringen ihre Zeit mit Spinnen und Federnschleissen; die Knechte bereiten Zaunpfähle, Hopfenstangen u. dergl.; auch läßt man in den Scheunen vollends ausdreschen, damit die Mäuse keinen Schaden thun; aus diesem Grunde soll man auch das Getreide auf dem Haufen öfters wenden. Wer Mangel daran hat, versehe sich auch mit Federvieh und sorge dafür, daß deren Nester immer rein gehalten werden, da sie wieder zu legen beginnen. Auch soll man in diesem Monat neue Misthaufen schlagen und den alten Dünger auf die Aecker und Weinberge und in die Hopfengärten verführen.

Die Pferde hären sich in diesem Monate, daher soll man ihrer wohl warten und sie fleißig putzen und rein halten, damit sie gehörig zunehmen.

Vom Rindvieh: Nach Weihnachten darf man auf dessen Fütterung wohl keinen so großen Fleiß mehr verwenden, als vor Weihnachten; indeß ist immer die gehörige Sorgfalt auf dasselbe zu verwenden nothwendig. Erbsenstroh füttert in der Kälte das Rindvieh sehr wohl, man soll diese daher ausdreschen. Man kann auch Gersten= und Roggenstroh grob schneiden und eingebrühet verfüttern, was eine gute und sparsame Fütterung abgibt. Wenn die Sonne scheint, soll man das Vieh aus den Ställen lassen, damit es an derselben sich erwärme.

Den Schafen soll man um diese Zeit das Laub von Erlen vorlegen, so bleiben sie, wenn sie es fressen, das ganze Jahr gesund; diejenigen, so es nicht fressen, oder im folgenden Frühling die Wolle fahren lassen, muß man bei Zeiten auf die Seite schaffen.

Den Hühnern pflegen gute Hauswirthe,

die balb Eier haben wollen, bisweilen geröstetes Brod, Haber oder Erbsen vorzuschütten, doch muß man sie auch nicht zu fett machen, da sie sonst das Legen wieder unterlassen.

Für die Bienen hat man in diesem Monat keine weitere Sorgfalt zu verwenden, als die Bienenstöcke vor Mäusen und vor aufregenden Beunruhigungen zu schützen; bei viel Schnee die im Freien stehenden aber nicht durch denselben verstopfen zu lassen. Bei Sonnenschein muß man den Bienen Schatten geben, damit die Wärme sie nicht aufrege.

Die Obstbäume soll man in diesem und dem folgenden Monat auch fleißig abraupen; denn da die Sonne allmählig wärmer scheint, beginnen die Raupen lebendig zu werden und und sind nachher schwer mehr zu vertreiben.

Bauholz zu fällen und Brennholz auszuführen ist in diesem Monate auch eine Hauptbeschäftigung. Die Hauungen der zum Fällen ausgewählten Bäume müssen in den Hochwaldungen und besonders Brüchen auf das Thätigste betrieben werden, wenn es die Witterung zuläßt. Das zum Baue bestimmte Holz soll im Vollmond gefällt werden, das zum Brennen bestimmte Holz aber ist besser, wenn es im Neumond geschlagen wird. Für fleißige Einsammlung der Kiefern- und Fichtenzapfen ist Sorge zu tragen, und in den Baumschulen bei hohem Schnee nachzusehen, ob die Hasen nicht Schaden darin anrichten.

Vorsicht auf die Gesundheit.

Zur Erwärmung des Magens ist es dienlich, wenn man des Morgens nüchtern einen Schluck reinen Weines zu sich nimmt; auch kann man mit Vortheil Kräuter und Gewürze nüchtern gebrauchen, als da sind: Ingwer, Nelken, Pfeffer, Ysop, Salbei, Fenchel, Anis u. dgl. Zuträglich ist es ferner, wenn vollblütige Menschen, aber nur solche, sich die Leber-ader am linken Arme oder am Daumen lassen; ausserdem ist jetzt das Aderlassen nicht rathsam. Bäder zu nehmen ist nun der Gesundheit ebenfalls nachtheilig; eben so soll man sich mäßig warm halten und in Speis und Trank die gehörige Mäßigkeit beobachten, was zu allen Zeiten empfehlenswerth bleibt.

Im Februar.

Was ein Hauswirth verrichten soll: Wer noch nicht vollständig ausgedroschen hat, der sorge, daß es in diesem Monat geschieht. Es ist auch gut, den Getreidboden mit etwas Häringslacken zu begießen und mit Salz zu bestreuen, auch das Getreid selbst damit anzuspritzen, was den Wurm tilgt, das Getreide erhält und der Gesundheit unschädlich ist. Bei Sonnenschein soll man die Getreidböden sorgfältig schließen; dagegen bei rauher Luft Alles öffnen, damit diese über das Getreide hinziehe. Man soll auch das Getreide in diesem und dem vorhergegangenen Monate mahlen laſſen; denn das zur kalten Jahreszeit bereitete Mehl erhält ſich das ganze Jahr hindurch. Die Zäune um die Höfe ſind auszubeſſern und zu ergänzen; ein kluger Hauswirth wird auch beſorgt ſein, für das Vieh, welches er den Winter hindurch abgegeben, ſich wieder neues anzuſchaffen. Auf Lichtmeß hat man den Winter gewiß, da ſoll man noch das halbe Futter und den nöthigen Vorrath für das Hauswesen haben.

Die Ackerwerkzeuge ſind in dieſem Monate in gehörigen Stand zu ſetzen und der Same zur Frühlingsſaat herzurichten. Beim Schneegang iſt nachzuſehen, daß das Waſſer keinen Schaden anrichte. Auf den Wieſen ſind Bewäſſerungsgräben herzuſtellen und anzulegen.

Hopfengärten werden umgegraben und bei günſtiger Witterung alte Stöcke gedüngt und beſchnitten. Auch können neue Anpflanzungen gemacht und alte Stöcke durch neue ergänzt werden.

Die Schafe ſollen in dieſem Monate nicht mehr auf die Saatfelder gehütet werden, da ſelbe ſonſt Schaden verurſachen.

Junge Schweine, ſo in dieſem Monate im wachſenden Monde fallen, ſoll man aufziehen, denn dieſe wachſen und gedeihen am beſten und können auch der Kälte wegen wohl fortkommen.

Beim Federvieh iſt darauf zu achten, daß man ihm, wenn es anfängt, hitzig und brütig zu werden, die geeignete Zahl Eier unterlege, um Junge zu erlangen; nur muß man sorgen, daß die Ställe für das Geflügel nicht kalt werden.

Die Bienen regen sich auch in diesem Monat nicht leicht; daher beobachte der Bienenvater nur das im vorigen Monate Gesagte. Doch kann sich derselbe sehr nützlich beschäftigen, wenn er für Bienenwohnungen von Stroh sorgt, damit er beim Schwärmen alles Nöthige hat. Die Strohkörbe sind die besten, weil sie die Wärme mehr halten und von Jedem selbst gemacht werden können.

Im Garten kann gesäet werden zu Ende des Monats, wenn man dem Frost im März ausweichen will: Spinat, Kerbel, Petersilie, Zuckerwurzeln, Pastinaken, Carotten, Schnittkohl, Kohlsamen, Löffelkraut, Zwiebeln, Salat. Wenn es warm Wetter ist, kann man auch an den Quellen die Wasserkresse einsammeln, welche der Gesundheit äusserst dienlich ist; eben so auch Salbei und Lavendel.

Im Baumgarten werfe man die Aeste von den größern Bäumen, die man im April umpfropfen will, bis auf einen Schuh ab; schneide am Ende des Monats bei den jungen Bäumen, welche zu Johannis in das junge Holz der Krone okulirt werden sollen, die Kronenzweige bis auf einige Augen weg; jungen, schwächlichen Bäumen, welchen es an Holz fehlt, nimm die Fruchtäste; schneide die Kronen junger Bäume aus, wenn sie zu buschig werden. Eben so fleißig soll man in diesem Monat wie im vorigen bezüglich der Vertilgung der Raupen sein. Man kann auch in diesem Monat die Obstbäume noch düngen, säubern und versetzen; allein das letztere muß man bei klarem Sonnenschein und in keiner harten Erde thun.

Im Walde kann, wenn der Schnee geschmolzen ist, in den Niederungen von Mitte Februar mit dem Hiebe begonnen werden, weil man die Zeit vom Abgang des Schnees an bis dahin, wo die Knospen anfangen aufzuschwellen, als die schicklichste und beste zur Hauung der Schläge im Niederwalde findet.

Vorsicht auf die Gesundheit.

Um diese Zeit enthalte man sich des Genusses der Milch und Milchspeisen nach Möglichkeit bis in den Monat Mai; dagegen sind Eier und Eierspeisen jetzt wohl und leicht zu verdauen. Auch soll man sich in diesem Monat besonders warm halten; denn die Kälte desselben ist die Ursache vieler Krankheiten im Menschen und entstehen solche nicht selten von böser Luft, die aus der Erde aufdünstet. Besonders sind in demselben vorherrschend Katarrh, Halsweh und ähnliche Uebel, vor welchen man sich zunächst zu hüten und ihnen vorzubeugen hat; da auch nicht selten Fieber entstehen, soll man auch vor diesen sich nach Thunlichkeit wahren. Wie oben bemerkt, kann man in diesem Monat bereits auch Brunnenkresse haben, deren Genuß mit Essig und Zucker vermengt der Gesundheit ungemein zuträglich ist.

Im März.

Was ein Hauswirth verrichten soll: In diesem Monat beginnt der Frühling, wo die gesammte Natur in größere Thätigkeit tritt; daher es auch Pflicht des sorgfältigen Landwirthes ist, seine Aufmerksamkeit und seinen Fleiß zu verdoppeln, um aus seinem Anwesen den möglichsten Gewinn und Nutzen zu erzielen. Man räume in diesem Monat die Staarnester, fange Maulwürfe, wenn sie wegen dem Wasser sich nach der Höhe ziehen, da man jetzt die Alte mit sammt der Brut vertilgen kann. Vom März sagen die alten Bauern: Der März hält den Pflug beim Sterz; dann kommt der April und hält ihn wieder still. Der Märzensch ist der Saat nicht zuträglich.

Da die Pferde nun mehr zu arbeiten haben, so soll man ihnen bisweilen einen Bund Wicken in die Raufen legen und zu fressen geben, diese kräftigen sie sehr. Ueberdieß pflege und säubere man sie sorgfältigst.

Das Rindvieh verliert beim Beginne der warmen Witterung die Freßlust, da es sich aus dem Stalle und nach der Weide sehnt; da muß man um so mehr acht haben, daß man

ihm gutes Futter gibt, gutes Heu und Grum-
met unter selbes schneiden und gute Haberspreu
unter das Trank mengen, dann wird es lieber
fressen. Es ist nun auch Zeit, daß man die
Zuchtkühe zum Stiere treibt und belegen läßt.

Den Schweinen soll man zu Ende dieses
Monats Angelicawurzel, auch Christwurzel,
welche in manchen Krankheitsfällen des Viehes
sehr vortheilhaft ist, oder das Kraut davon in
das Trank legen, und dieses von Zeit zu Zeit
das Jahr hindurch wiederholen, so wird kein
Schwein krank werden, noch weniger krepiren.

Hühner, Enten und Gänse brüten auch
in diesem Monat noch immer; es ist gut, wenn
man die Eierschalen, woraus die Jungen kommen, besonders aufhebt, denn der Kalk von
denselben ist gut zu Arzneien. Die jungen
Gänslein soll man eine oder zwei Wochen mit
Brodsamen und Malz füttern oder mit gewäs-
serter Gerste, die fein weich geworden, da werden sie sehr zunehmen. Man gebe ihnen auch
des Morgens etwas Salz, Lorbeer und Asche
ein, dann werden sie nicht krank.

Bienenzucht: Wenn die Sonne in diesem
Monat warm scheint und der Boden schneefrei
ist, so stelle man die Bienenstöcke ins Freie,
mache die Fluglöcher behutsam etwas auf und
thue für die alten Flugbretter saubere und reine
hin; man sehe, ob unter den todten Bienen
nicht auch die Königin ist, welche an den hin-
tern Füßen länger, als andere Bienen und gelb

ist. Ist sie todt und der Stock ohne Brut, dann ist es gefehlt. Einen weisellosen Stock vereinige man mit einem andern. Ehe der Flug stark geht, darf das Flugloch nur klein sein, sonst kommen gern Räuber hinein, später erweitere man das Flugloch. Spinnengewebe darf man in einem Bienenstand eben so wenig dulden, wie in einer Stube, wo Ordnung herrscht.

Der Ackerbau ist in diesem Monat fleißig zu betreiben, so bald man mit dem Pfluge in die Erde kann und die Nässe des Ackers vergangen ist. Pflanzen, denen der Frost nicht schadet, können gesäet werden, z. B. Ackerbohnen, Haber, Klee, Mohn, Futterwicken, Sommerroggen und Sommerweizen. Gegen Mitte dieses Monats säe man Hülsenfrüchte. Bei guter Witterung pflügt man die Felder zu Gerste, Hanf, Rüben, Lein und Sommerreps.

Bemooste Wiesen mit schlechtem Bodengras werden durch Düngung mit Aescherich, Kalk, Gyps, Ofenruß und Torfasche verbessert.

Hopfenpflanzungen können mit Vortheil angelegt werden. Beim Behacken muß man den Hopfenspinner, eine glatte, gelbliche, schwarzgetüpfelte Raupe, vertilgen, da er durch sein Benagen der Wurzeln oft ganze Hopfenpflanzungen zu Grunde richtet.

Im Garten soll man so bald der Schnee abgeht düngen, graben und ausreinigen, damit alles gut wachsen kann. Man säe Salat,

Schnittsalat, Carotten, Mohrrüben, Haferwur-
zeln, Spinat, Petersilie, Schnittkohl, Kerbel,
Sommerendivie, Melde, Senf, Kohlsamen, Wirsing, Savoyenkohl, Kohlraben, Anis, Dill, Bor-
ragen, Saturei, Pimpinelle, Thymian, Kümmel,
Portulak, Monatrettige, Raute und Kresse;
später Pastinaken, Skorzonerwurzeln, Christwurz, Sellerie und Zwiebeln; Kohlpflanzen
aller Art.

Die Obstbäume umgrabe man in diesem
Monat, gieße Wasser in die Gruben und halte
die Wurzeln feucht bis der Baum verblühet
hat, so schadet ihm kein Reif oder Frost. Im
vollen Mond muß man Pfropfreiser brechen
und sie im Keller in Sand oder Erde vergra-
ben bis zum folgenden Neumond, da pfropfet
man selbe. Man nehme aber die Pfropfreiser
ja nicht von Bäumen, welche noch niemals ge-
blüht und Früchte getragen haben.

Im Wald beginnen gegen Ende dieses Monats die Saaten des Lerchen-, Kiefern-, Fich-
ten-, Hainbuchen- und Eschensamens. Auf die
Forteule, so wie auf den großen Kiefernspinner
und den Borkenkäfer sei man aufmerksam, da
diese jetzt sich zeigen.

Vorsicht auf die Gesundheit.

Beim Eintritte des Frühjahres im März
soll man sich öfters baden und dem Körper
mehr Bewegung verschaffen; auch etwas mehr
trinken und weniger essen, als man den Winter

hindurch gethan. Man kann auch süße Speisen und Getränke gebrauchen, nur hüte man sich vor zu kaltem Trunk. In diesem Monat ist gut zur Ader lassen. Da in diesem Monat noch vielerlei Krankheiten entstehen, so von der Feuchtigkeit der Witterung u. dergl. ihren Ursprung nehmen, so soll man sich Insonderheit in Acht nehmen, daß man den Körper nicht vernachlässige, und an der Gesundheit Schaden nehme. Im Anfang des Lenzmonats wachset auch die Christwurzel, die man fleißig im Garten pflanzen soll, da dieselbe bei vielen Anlässen sehr nutzbar zu gebrauchen ist.

Im April.

Was ein Hauswirth verrichten soll: Es trifft sich nicht selten, daß man eine Arbeit, welche man bereits für einen Monat zu vollziehen sich festgesetzt hat, in Folge ungünstiger Witterungsverhältnisse auf den nächstfolgenden verschieben muß. Ein kluger Landwirth wird aber sodann nicht unterlassen, das Versäumte bei eingetretener günstiger Witterung so bald als möglich nachzuholen, soll dieses nun im Feld oder Garten, oder sonst wo immer zu vollführen sein. Da die Sonne im Monat April an Wärme ziemlich zunimmt, gedeihet auch der Wachsthum schon allenthalben.

Die Pferde kann man in diesem Monate mit Antimonium purgiren und ausreinigen.

Das Rindvieh beginnet in diesem Monat zu hären, weßhalb man es fleißig und sorgfältig reinigen und verpflegen soll. Zu dieser Zeit soll man auch die jungen Nesseln ausrauffen und trocknen, so wie das Kraut von Rüben und Möhren u. dgl. sammeln, um es dem Vieh im Winter unter das Trank zu mengen, denn diese Pflanzen frißt es sehr gerne und sind ihm besonders gesund; bei den Kühen namentlich befördern selbe die Milch. Wenn die Waizensaat in diesem Monat zu geil wird, soll man dieselbe mit der Sichel überfahren, und den Abfall den Kühen als Futter reichen, was ebenfalls bei diesen den Milchreichthum fördert.

Die Schafe werden in diesem Monat bei günstigem Wetter geschorren; wenn selben, aber die Wolle abgenommen ist, soll man besonders acht haben, daß sie nicht bei kaltem und nassen Wetter ausgetrieben werden, da ihnen dieses sehr nachtheilig ist. Man pflegt zu dieser Zeit auch die Lämmer zu schlachten, die ein sehr gesundes Fleisch für zarte und schwächliche Naturen geben.

Gänse und Hühner können in diesem Monat noch fortwährend angesetzt werden. Das junge Federvieh soll stets fleißig gepflegt und mit gehackten Brenneßeln unter Weizenkleien gemengt gefüttert werden.

Zur Bienenzucht sind jetzt Stöcke anzukaufen, da es später nicht mehr rathsam ist; es sind hiezu ein- oder zweijährige zu wählen,

die ein ordentliches Gewicht und brav Volk
haben. Vorher aber betrachte man den Flug
genau, und überzeuge sich, ob der Stock nicht
mutterlos sei. Gibt es ein spätes Frühjahr,
so muß man schwache Stöcke füttern, wozu
immer Honig im Vorrath vorhanden sein muß.
Beim Füttern muß man immer sehr vorsichtig
zu Werke gehen, daß man keine Räuber her-
beilockt, welche oft ganze Bienenstöcke ausrau-
ben. Man soll deshalb nur Abends füttern
und Morgens muß das leere Geschirr wieder
herausgenommen werden. Wenn man oben am
Bienenstock eine Oeffnung am Korb macht, wo
man Honigteller aufstellen kann; so ist dieß am
besten. Im flüssigen Honig ertrinken die Bienen leicht, deswegen legt man kurze Strohhälm-
chen darauf, auf welche sie sich retten können.
Bis Kirschen, Reps oder Rüben blühen, ist
das Füttern fortzusetzen.

Im Ackerland schreitet man bei abgetrock-
netem Boden zum Legen der Kartoffeln, wes-
wegen die Keime an den Setzkartoffeln gut zu
schonen sind. — Je früher man den Haber
säen kann, desto besser er wächst, und desto
mehr Körner er gibt. Wenn man das Ger-
stenfeld am Tag ackert, gegen Abend besäet
und erst den andern Morgen einegget, so geht
der Samen um so schneller auf, weil der Thau
ihn vorher gehörig anfeuchtet und aufschwellen
macht. Es ist besser, einen Acker gut zu be-
säen, als zu schwach; denn beim Aufgehen der

Saat wird das Feld bald bedeckt und das Unkraut dadurch überwältigt, und im Sommer hat der Boden bei der Hitze und trockenen Winden beständig Schatten und bleibt immer feucht und mürbe, daher es auch bessere Körner und mehr Stroh gibt.

Wenn der Graswuchs auf den Wiesen stärker wird, ist der Mist abzurechen und mit dem Bewässern der Anfang zu machen.

Die um die Hopfenstöcke angehäufte Erde ist wegzunehmen, eben so die Keime und die vorjährigen verkürzten Ranken, so daß nur 3 bis 4 starke Fechser stehen bleiben, dann lege man um den Stock verweseten Kuhdünger.

Im Garten läßt man den Bäumen zu Ader. Um Obstkerne zu pflanzen, weiche man selbe wo möglich ein paar Tag in Schneewasser, stelle sie an die Sonne und säe sie dann; dieselben wachsen vortrefflich.

Vom Gemüse besorge man jetzt die Hauptaussaat von Allem, was im verlaufenen Monat nicht gesäet worden; desgleichen pflanze man rothe Rüben und Dickrüben oder Turneys gegen die Mitte des Monats, ebenso auch Spargelerbsen, Kichern, Bohnen und türkischen Waizen. Ueberwinterter Salat kann noch verpflanzt werden. — Erdflöhe werden durch fleißiges Begießen oder durch Bestreuen mit feiner Stauberde abgehalten.

Im Wald sollen die Pflanzungen und Saaten auf das Eifrigste betrieben und wo

möglich beendiget werden. Auf den Kiefernspinner ist zu achten, welcher jetzt auf den Bäumen ist, und durch den herabfallenden Koth sich
bemerkbar macht. Die Raupen der Nonne
kriechen vollends aus; ihre Gespinnste sind daher aufzusuchen; auch kann mit Aufsuchen der
Raupen, welche noch im Puppenzustande sind,
fortgefahren werden. Der Borkenkäfer fängt
zu Ende dieses Monats zu schwärmen an, und
wo dieses stattfindet, sind Fangbäume zu fällen.

Vorsicht auf die Gesundheit.

Nachdem nun die Natur wieder allmählig
auflebt, tritt auch im menschlichen Körper mehr
Regsamkeit auf; es ist daher auch zuträglich,
denselben durch ein Purgirmittel zu reinigen
und vollblütigen Personen schadet auch ein Ader-
laß nicht, oder man lasse sich Schröpfköpfe setzen.
Der Genuß weicher Speisen, als da sind: Lamm-
oder Hammelfleisch, Backfische u. dgl. sind zuträglich. Als Getränke dienet vorzüglich guter
Wein; auch Wermutbier und Wermutwein ist
der Gesundheit dienlich, sowie der Genuß von
Kräutersäften. Rettige soll man jetzt nicht zu
viel genießen; denn das unstete Wetter dieses
Monats erzeuget noch immer viel Feuchtigkeit,
und in Folge dessen auch mancherlei Krankheiten, vor welchen man sich zu hüten hat.
Vorzüglich zu empfehlen ist in diesem Monat
auch mäßige Bewegung und hie und da bei
guter Witterung ein Bad.

Im Mai.

Was ein Hauswirth verrichten soll: Der Mai ist die lustigste und fröhlichste Zeit, und man beeilt sich an vielen Orten, Maibäume aufzustellen, und dessen ersten Tag in Freude und Lust zu verleben. Wenn in diesem Monat die Feldarbeit bestellt ist, soll ein achtsamer Hausvater sich wieder darnach umsehen, was allenfalls im Hause zu ordnen und zu repariren sein dürfte; wenn vielleicht an der Dachung der Gebäulichkeiten oder sonst wie immer etwas schadhaft geworden; eben so lasse man auch den Mist zusammenschlagen und zur Wintersaat aufs Feld führen. Eine fleißige Hauswirthin wird sorgen, in diesem Monat die neuangefertigte Leinwand zur Bleiche zu bringen, denn jetzt ist hiezu die geeignetste Zeit.

Da die Pferde zur Zeit der Sommersaat sehr mit Arbeit in Anspruch genommen und geplagt sind, so ist besonders darauf zu sehen, daß sie zu dieser Zeit ihr Futter stets regelmäßig und genügend erhalten und soll ihnen wo möglich in diesem Monat einige Zeit zur Erholung gegönnt sein.

Wenn man die Kühe erst in diesem Monat zum Stiere läßt, ist es besser, denn dann kälbern sie nach Lichtmeß, was die geeignetste Zeit ist. In diesem Monat soll man dem Rindvieh auch ein= bis dreimal Lorbeeren mit Meisterwurz und Salz zu fressen geben, bevor es auf die Weide kömmt.

Die Schafe pfleget man vor Himmelfahrt Christi zu merzen, das heißt, man scheidet die Schöpse von den Lämmern aus.

Die Schweine, so um diese Zeit auf der Brache gehütet werden, fressen auch gerne da die Raupen, wovon sie nicht selten krank werden; dieses zu verhüten soll man ihnen Christwurz in das Trank legen.

Den jungen Gänsen und Hühnern wird es in diesem Monat leicht zu kalt, weßhalb sie, wenn nicht die nöthige Achtsamkeit auf sie verwendet wird, auch erkranken; es ist daher am Besten, bei kaltem und nassen Wetter sie in der Stube zu behalten. Auch werden die Gänse jetzt gerupft.

Die Bienen fangen bei einem guten Frühjahr jetzt zu schwärmen an. Man beobachte dabei Folgendes: Wenn die Bienen vor dem Flugloch stark vorliegen, die Drohnen oder Brutbienen stark fliegen, so sind sie nicht weit vom Schwärmen, deßhalb halte man die neuen Bienenwohnungen in Bereitschaft. Von Morgens 9 bis Nachmittags 3 Uhr beobachte man die Bienenstöcke. Sind in der Nähe keine Bäume, so stecke man mehrere Pfähle 10 bis 15 Schritte vom Bienenstand entfernt in den Boden, und befestige an diese besenartige Holzzweige, an denen noch Laub ist. Setzt sich ein Schwarm daran, so stellt man den leeren Korb verkehrt auf den Boden, zieht den Pfahl sachte heraus und schüttelt den Schwarm in den Korb,

worauf man ihn auf das Bienenbrett auf ei=
nen Stuhl stellt. Den Korb der jungen Bie=
nen bedeckt man nun gegen die Sonnenseite
mit einem Tuche, damit sie Schatten erhalten.
Wenn die Bienen beim Fassen nicht in den
Korb einziehen wollen, so ist die Königin nicht
darin, sie ist daher zu suchen und in den Korb
zu bringen.

Wer noch Getreide auf dem Boden hat,
unterlasse ja nicht, es vor der Zeit der Korn=
blüte fleißig wenden zu lassen. Am besten ist,
man lasset es durch die Fegen laufen, damit
der Staub und Unrath von demselben entfernt
wird.

Auf den Wiesen soll man die dem Viehe
schädlichen Kräuter abschneiden und wo mög=
lich mit sammt der Wurzel zu vertilgen suchen.
Die Bewässerung derselben erfordert alle Auf=
merksamkeit, da kräftiges Wasser überall vor=
theilhaft wirkt.

Wenn der Klee 3—4 Zoll hoch ist, so
gypst man ihn nach Regen= oder Thauwetter.

Man düngct im Mai auch die Brachfel=
der, umackert die fetten Aecker das erstemal
und die trockenen zum zweitenmal. Vor Ur=
bans Tag wird Flachs und Hanf gesäet, ob=
schon hiefür eigentlich die beste Zeit wäre, wenn
die Borsdorfer Aepfel blühen. In kälteren
Gegenden ist es nun auch Zeit zur Gerstensaat.
Mittel=Lein und später auch Spät=Lein wird

gefäet. Hanffelder werden bestellt und fette Dinkel- und Weizenfelder beschnitten.

An Hopfenstöcken sind die schwachen Schößlinge abzuschneiden und die Stangen beizustecken.

Im Garten lüfte an den Bäumen die Copulirbänder vom Winter her; pelze in die Rinde; kneipe die Spitze ab von Bäumchen, die im Stamme noch schwach sind und keine Seitenäste treiben wollen. Nimm von jungen und schwachen Bäumchen die Blüten ab bis auf wenige.

Von Gartengewächsen fäe Kohl aller Art, Thymian, Sommermajoran, Basilicum, Sellerie, Kopfsalat, Endivien und Sommerrettige; Erbsen, Bohnen, Kürbisse, Gurken und Melonen. Die schönsten Köpfe vom Wintersalat bestimme zu Samen, eben so von Winterendivien. Verpflanze Gurken und Bohnen aus dem Mistbeet mit ausgehobener Erde.

Im Walde beginne die Hauungen der Rinden- und Schälschläge in Eichen- und Fichtenbeständen, sowie Reifstäbe und Korbruthen in Niederwaldungen geschnitten werden. Auf Waldinsekten ist sorgfältigste Aufsicht zu pflegen und dem einzutreibenden Weidevieh, der Sichelgräserei und dem Bastschälen volle Aufmerksamkeit zu widmen.

Vorsicht auf die Gesundheit.

Dieses Monat wird mit vollem Recht das

Wonnemonat genannt, denn die Natur tritt uns nun in voller Blüte entgegen und auch der Mensch erfreut sich nun seines Daseins im höchsten Maße. In diesem Monat soll man warme und kalte Bäder gebrauchen; auch warme Speisen und Trank zu sich nehmen; insbesondere sind jetzt Milch und Butter gesund, vorzüglich Ziegenmilch. Besonders gute Zeit ist auch jetzt zu einem Aberlaß, und zum Gebrauche solcher Arzneimittel, welche die Natur stärken.

Man soll auch in diesem Monat auf die Zubereitung jener Hausmittel Bedacht nehmen, so einem bei vorkommenden Fällen gute Dienste gewähren, als da ist: Schwamm= oder Pfifferlingwasser gegen den Außsatz, ferner ein Oel, das man aus den schwarzen Maiwürmern gewinnt, und das vorzüglich gegen den Hundsbiß dienet und dem kranken Vieh gute Dienste leistet. Auch aus den schwarzen Schnecken kann man ein Oel bereiten, so als Wundbalsam vortrefflich zu gebrauchen ist.

Das Einsammeln von Wermut soll auch jetzt geschehen, denn dieses Kraut bringt wunderbaren Nutzen. Zu Wasser gebrannt und eingenommen, hilft es für Fieber; der Saft davon mit Zucker vermengt und zehn Tage nacheinander genommen, vertreibet die Gelb= und Wassersucht, so wie alle Fieber. Auch Wermutsalz hilft in vielen Krankheiten.

Auch allerlei Wasser, namentlich Erdbeerwasser, Sauerampferwasser, Rosmarinwasser,

Rosenwasser u. dgl. werden zu dieser Zeit gebrannt, und sind in manchen Fällen vortheil=
haft zu verwenden. Auch Bibernel grabe man
jetzt. Desgleichen von Lindenblüte, so sich noch
nicht ganz aufgethan, kann man jetzt ein treff=
liches Wasser bereiten, das gut ist gegen den
Schlag.

Im Juni.

Was ein Hauswirth verrichten soll:
In dem Monat Juni beginnet der Sommer
und bei gutem Wachsthum wird mit der Heu=
ernte in diesem Monat der Anfang gemacht.
Man sorge zunächst dafür, daß die Scheunen
und Städel gehörig gereiniget und ausgemistet
und zur Aufnahme der neuen Frucht geeignet
zubereitet werden; insbesondere, daß die Dach=
ungen derselben sich auch in gutem Zustande
befinden. Da in diesem und dem vorhergegan=
genen Monate die Milch am besten und fet=
testen ist, wird eine sorgsame Hausfrau bedacht
sein, was sie davon an Butter und Käse bereitet,
für ihren Hausbedarf sich zu bewahren. Eben
so soll auch in diesem Monat darauf Bedacht
genommen werden, die Kräuter und Pflanzen
einzusammeln, welche sowohl bei Menschen als
Thieren in vorkommenden Krankheitsfällen mit
großem Nutzen können verwendet werden.

Die Pferde haben nun wieder mehr Ar=
beit, daher man auf sie auch besonders Acht

haben soll; denn sonst werden sie zu matt und kommen von Kräften, was ihnen das ganze Jahr nachtheilig ist. Insbesondere sollen sie diese Zeit über noch mit altem Heu und Häcksel von altem Gerstenstroh gefüttert werden, denn das neue Heu ist ihrer Gesundheit nachtheilig; erst nach Michaelis soll ihnen solches verfüttert werden.

Die Schafe beginnet man in diesem Monat zu scheeren und die Wolle nach der Güte derselben auszuscheiden; auch soll man ihnen fortwährend Salz zu lecken geben.

Bei den Schweinen ist immer noch wegen der Insekten und Raupen so sie im Freien fressen, und davon nicht selten erkranken, die gehörige Vorsicht zu pflegen, und ist ihnen als Arznei dagegen zu geben: Nimm Otterwurz, weißen Wegwart, weiße Raute, Wermut, jedes eine Hand voll; stoß alles klein und nimm dann so viel Gerste, als sie auf einmal fressen können, siede sie, bis sie aufbricht, thue dann etwa zwei Hände voll Salz darunter, und gib alles untereinander gemengt den Schweinen zu fressen; jage sie dann in den Stall und laß sie darauf ruhen.

Den jungen Gänsen soll man, wenn sie auf die Weide gehen und von derselben zurückkehren, Haber vorschütten und sie wohl warten, da sie sonst, zumal in nassen Jahren um diese Zeit leicht krank werden und sterben. Da ihnen jetzt die Fliegen und andere Insekten in die Ohren kriechen, was ihnen sehr nachtheilig ist, soll man ihnen diese mit Oel einschmieren, wornach ihnen dieses Ungeziefer keinen Schaden mehr thut.

Das Aufziehen junger Hühner wird nun nicht leicht mehr gelingen; höchstens noch kann man auf jene rechnen, welche gegen die Hunds= tage zu ausfallen, wo noch warme Tage sind.

Wenn die Bienen ruhig in einen neuen Stock eingezogen sind und freudig summen, so stelle man den Schwarm etwas entfernt vom Mutterstock auf den Stand. Bis zum Abend mit dem Aufstellen zu warten, ist nicht räth= lich, weil die Schwärme leicht wieder ausziehen, und man sie dann wieder fassen muß. Wenn sich ein Schwarm auf den Boden setzt, so legt man neben ihn zwei Hölzchen und stellt den Korb darüber, worauf er in seine Wohnung einziehen wird. Setzt er sich aber auf einen Platz, wo man ihn gar nicht fassen kann, so suche man ihn durch Rauch an eine Stelle zu treiben, wo er gefaßt werden kann. Zieht ein zweiter Schwarm aus, ehe der erste noch gefaßt ist, so legt man ein Tuch um ihn, da= mit die zwei Schwärme nicht zusammen fallen. Fällt nach dem Schwärmen Regenwetter ein, so füttere man den jungen Stock so lange, bis wieder flugbare Tage eintreten.

Das Ackerfeld sucht man locker und mürbe zu machen; auch von allem Unkraut zu be= freien. Diese Absicht erreicht man, wenn man das Feld bei gelindem und etwas feuchtem

Wetter bestellt. Bei nassem Wetter zu ackern, ist höchst schädlich. Man bringe den Mist auf die Brachen und ackere denselben zur Winter= saat unter.

Bei der Heuernte soll man zunächst das beste hievon für die Schafe bei Seite bringen.

Türkische Bohnen stecke man um Johannis des Täufers Tag; weiße Rüben säe man im abnehmenden Mond. Man soll allzeit Sorge tragen, daß die Samen nach einem Regenwet= ter in die noch feuchte Erde kommen, woran noch mehr gelegen ist, als am Mond.

Die Arbeiten in Hopfenpflanzungen beschränken sich meist auf das Anbinden der Hauptranken und das Beschneiden der über= flüssigen Zweige.

Wenn die Obstbäume mit Früchten zu sehr überladen sind, so stützt man sie; man scheidet auch die wurmstichige und faulige Frucht aus, damit das reine Obst um so besser gedei= hen kann.

Im Garten säe so bald als möglich Thy= mian und Majoran, Kerbelkraut, Kohlarten, Salat, Sommerendivien, Petersilie, Blumenkohl und Wirsing.

Im Wald wird der Ulmensamen gesammelt, wenn er reif ist, und wo möglich sogleich wie= der ausgesäet, wenn der Boden hiezu vorbe= reitet ist. Der Kiefernspinner ist jetzt am ge= fräßigsten, daher demselben unausgesetzt nach= zustellen ist.

Vorsicht auf die Gesundheit.

Mit diesem Monat tritt der Sommer ein, und es ist nunmehr der Genuß jener Speisen zu empfehlen, die kühle und feucht, dabei aber wohl verdaulich sind, damit der Hitze und Austrocknung, so zu dieser Jahreszeit dem menschlichen Körper zustößt, geeignet begegnet wird. Dagegen aber soll man sich besonders in Obacht nehmen, daß man im erhitzten Zustande durch zu kaltes Trinken sich nicht wesentlichen Nachtheil für die Gesundheit veranlasse, denn da bei der Hitze alle Pores (Schweißlöcher) im menschlichen Körper geöffnet sind, so kann durch einen kalten Trunk leicht ein Schlag oder eine Lähmung und sonstiges Siechthum herbeigezogen werden. Wermutbier als Trank ist auch in diesem Monat noch sehr empfehlenswerth. Man soll in der heißen Jahreszeit sich dem Schlafe so wenig als möglich überlassen, dabei aber auch anstrengende Bewegung vermeiden. Frisches Brunnenwasser am Morgen und hiezu Rautenblätter kauen, ist von großem Nutzen. Der Genuß von Käse und Schweinefleisch ist in diesem Monat möglichst zu meiden, desgleichen auch das neue Obst, das der Gesundheit sehr nachtheilig ist.

Die Bereitung verschiedener Oele aus Vegetabilien, so in vielen Zuständen heilsam zu gebrauchen, wird auch zu dieser Zeit noch vollführt; insbesondere sei man auch auf das Ein-

sammeln der Hollunderblüte bedacht, die als
Thee und in verschiedener Weise sehr heilsam
zu gebrauchen ist.

Im Juli.

Was ein Hauswirth verrichten soll:
Ein fleißiger und obachtsamer Landwirth ist dafür besorgt, daß die Aecker, so zur Wintersaat
bestimmt sind, in diesem Monat zum wiederholten Male umgeackert werden. Er wird eben
so trachten, daß das Getreide zur gehörigen
Zeit geerntet und nicht überreif wird; denn es
geht sonst bei der Ernte ein Drittheil oder noch
mehr an Körnern verloren. Zur Wintersaat
bestimmtes Korn soll, so bald es geerntet ist,
gedroschen, dünne auf dem Speicher aufgeschüt-
tet und bis zur Aussaat alle Tage einmal ge-
wendet werden. Diese Vorsicht hindert, daß
kein Brand in der künftigen Frucht entstehet.
Auch sollen Strohseile zum Binden der neuen
Fruchtgarben in Bereitschaft gehalten werden.
Die Pferde sind in diesem Monat an den
heißen Tagen, zumal wenn sie angestrengt arbeiten, fleißig zu tränken, denn wenn man dieses unterläßt, so verfangen sie sich leicht; wenn
man sie aber fleißig tränket, so gereicht ihnen
das zum besonderen Nutzen. Des Abends soll
man sie fleißig in die Schwemme reiten bis an
den Hals, damit sie von Schweiß und Staub
gereiniget werden; nur darf man dieses nicht

thun, so lange sie noch erhitzt sind, sondern sie vorerst gehörig ausruhen lassen. Eben so hüte man sich, sowohl den Pferden als dem Rindviehe, wie auch dem Federviehe neues Heu und Futter zu reichen, da dieses noch immer den Thieren schädlich ist. Man soll ihnen auch Mehl und Salz zu lecken geben, sonst bekommen namentlich die Pferde leicht böse Mäuler.

Die Kühe lasse man in diesem Monat zum Stiere, und die Schafe vom Widder besteigen.

Die Schweine werden um diese Zeit gern krank und sterben; dieses zu verhüten, lege man ihnen wilde Rüben in das Trank; auch muß man ihnen im Futter mit Körnern und Kleien zu Hilfe kommen, dadurch gedeihen sie wieder.

Den Hühnern soll man nun neuen Roggen zu fressen geben, so legen sie gerne Eier, wie manche sagen; noch zuträglicher aber dürfte ihnen Gerste und Haber sein; denn vom neuen Roggen bekommen sie gerne den Pips. Wenn man diesen wahr nimmt, hänge man ihnen grünen Kohl an einem Schnürlein um, so daß sie ihn erreichen können; den fressen sie gerne und werden davon wieder gesund.

Wenn von den Bienen ein Schwarm lange außen hängt, ohne zu schwärmen, so gebe man ihm einen Untersatz, damit er wieder arbeiten kann; macht sich aber ein Schwarm in die Höhe und will davon fliegen, so schieße man ein blindgeladenes Gewehr los und das Bienenvolk wird sich sogleich ansetzen. Dieß ist

beffer als alles Dengeln und Klopfen an Gieß=
kannen. Stöcke von altem Bau treibe man
18 bis 20 Tage nach dem Schwärmen in einen
leeren Korb, wodurch nicht nur der Honig, son=
dern auch ein Schwarm gewonnen wird, der
für den Winter noch einen gehörigen Honig=
vorrath sammeln kann.

Der Roggen soll, so bald er reif ist, ge=
schnitten werden, doch soll derselbe nicht eher
gebunden werden, als bis er gehörig abge=
trocknet ist.

Das Einbringen des Waizen muß, sobald
er geschnitten ist, nach Möglichkeit beschleuniget
werden, denn wenn Regenwetter dazwischen
kömmt, so kann er schon in ein paar Tagen
auswachsen.

In Hopfengärten soll man je nach der
Höhe der Stangen an den Stöcken von un=
ten hinauf 3—8 Fuß hoch alle Zweige und
Blätter abschneiden, damit die höher stehenden
Nahrung bekommen.

Ende des Monats ist der Hanf zu fimmeln
(auszuraufen) und schöner Frühlein kann ge=
rauft werden.

Die Heuernte ist fortan fleißig zu betrei=
ben. Man soll besonders darauf Bedacht neh=
men, daß das bessere Heu von dem schlechten
ausgeschieden werde, damit man ersteres aufbe=
wahre und erst im Frühjahre verfüttere, bevor
das Vieh im April oder Mai auf die Weide
gebracht wird.

Das Kraut soll abgeblattet und die Pflanzen behackt werden.

Die Obstbäume, so hart an der Sonne stehen, so wie auch die jungen Bäume begieße mit abgestandenem und fauligen Wasser, oder man schütte um den Stamm frische Erde, oder lege auf die Wurzeln einen Wasen zu. Man okulire aufs schlafende Auge nach einem warmen Regen; desgleichen pflücke man das Sommerobst, wo möglich vor Aufgang der Sonne, namentlich die kirschenartigen Früchte und Aprikosen. Auch sehe man bei den Bäumen nach, die auf das treibende Auge okulirt sind und lüfte die Bänder, wenn es nöthig ist.

Im Garten säe Carotten zum Herbstgebrauch; Herbstrüben, so bald ein Regen einfällt. Winterrettige, Sommerendivien und Salat setze dünne, damit selber nicht versetzt zu werden braucht. Rokette, Spinat und märkische Rüben werden angetreten. Pflanze Sellerie, Thymian, Majoran, Porre, Winterendivien, Kohlrüben, Blumenkohl, Braunkohl und Wirsing. Salat aber feucht.

Im Walde ist die Forleule in der Verpuppung am Stamme begriffen; die Puppen der Nonne sind aufzusuchen. Auch zeigt sich die Blattwespe und die Kiefernspannraupe stärker, sowie auch die Raupen des Dämmerungsfalters und der Fichtenspinner zu dieser Zeit bemerkbar werden.

Vorsicht auf die Gesundheit.

Für diesen Monat gelten bezüglich der Erhaltung der Gesundheit noch dieselben Regeln, wie sie im vorhergehenden Monate aufgeführt sind; denn da die Hitze in demselben fortwährt, ja beim Eintritt der Hundstage sich noch steigert, so hat man sich besonders demgemäß zu achten. Man vermeide es jetzt nach Thunlichkeit, Arzneien zu gebrauchen, da diese den Körper zu sehr erhitzen. In den Hundstagen hüte man sich auch davor, daß man nicht zu warm oder zu kalt bade. Dieser Monat ist besonders auch für solche Menschen höchst beschwerlich, welche mit Kopfleiden behaftet sind, und ist diesen zuvörderst anzurathen, sich vor geistiger Anstrengung und jeder Aufregung des Gemüthes möglichst zu enthalten.

In den Hundstagen soll man den Saft von grünen Schalen der Welschnüsse einmachen; dieser gibt eine treffliche Arznei wider die Flüsse des Hauptes, so sich manchmal auf die Brust und Lungen setzen und diesen höchst gefährlich und nachtheilig werden.

Im August.

Was ein Hauswirth verrichten soll: Im August soll der Ackersmann seine Felder zum wiederholten Male zur Wintersaat pflügen und vor Bartholomäi damit fertig sein. Eben so soll er anfangen zum Samen zu dre-

schen. Auch soll man die Steine und das Un=
kraut von den Aeckern auslesen, denn solche
Aecker, die viel Queckgras und Farren haben,
die reiniget man durch stete Ackerung, Auslegen
und Zusammenrechen derselben. Insbesondere
trachtet man auch in diesem Monat, neue Brun=
nen anzulegen und die hiefür nöthigen Quellen
aufzusuchen, denn jetzt ist zu diesem die geeig=
netste Zeit. Eine kluge Hauswirthin wird nun
auch dafür Sorge tragen, Eier zu sammeln;
denn man sagt, daß die im Neumond des Au=
gusts gelegten Eier sich am längsten halten.
Die Eier bleiben am besten, wenn man sie im
Sommer in Kleien, im Winter aber in Spreu
legt. In diesem Monat pflegt auch das Brod
leicht zu schimmeln, weshalb man auf einmal
nicht zu viel backen soll.

Den Pferden soll man in diesem Monat
noch keinen neuen Haber vorschütten; denn sie
werden davon krank. Man sorge daher vor
Allem, daß man für den eigenen Bedarf sich
über diesen Monat hinaus Vorrath behalte.

Die jungen Hammel sind nun am besten
und fettesten, wenn sie die Stoppeln begehen,
etwa bis auf Michaelis; damit schafft sich ein
Hauswirth Vorrath in seinem Haus, damit
er Talg und Unschlitt zu Lichter, und geräu=
chertes Hammelfleisch zum Schmause stets vor=
räthig habe.

Die Schweine, wenn sie die Stoppeln be=
laufen haben, bringe man sie zur Mast; denn

nun sind sie bereits ziemlich leibig und bessern sich darnach leicht, wenn man ihnen Kleien und geschrottet Korn unter das Futter mengt. Ferkel, so in diesem und den vier oder fünf folgenden Monaten geworfen werden, pfleget man gewöhnlich zu schlachten, indem selbe in der kälteren Jahreszeit nicht leicht aufzuziehen sind.

Hühner soll man von diesem Monate an gar nicht mehr ansetzen, da selbe nicht mehr aufzubringen sind.

Bienenzucht: Kurzsichtige Bienenväter tödten Stöcke mit altem Bau mit Schwefel ab, was aber nur grausame, undankbare Menschen thun können. Das Vereinigen alter und junger Stöcke soll zu einer Zeit stattfinden, wo der Stock noch Nahrung sammeln kann, was leicht geschieht, wenn man dabei mit gehöriger Vorsicht zu Werke geht.

Im Ackerfeld ist in der ersten Hälfte dieses Monats die Repssaat zu beendigen. Geschnitten werden Mohn und Hülsenfrüchte, welch letztere aufzustellen sind. Allgemeine Felder bestellung zur Wintersaat. Die Bewässerung der Wiesen wird fortgesetzt.

Im Hopfengarten ist das Auszweigen und Ausblatten des Hopfens fortzusetzen. Auf die Hopfenreife ist wohl zu achten, und die Reben alsbald abzuschneiden und abzupflücken, wenn die gelbgrünen Dolden dunkelgelb, die grasgrünen lichtgrün werden, einen gewürzhaften Duft verbreiten und die Hand gelb färben.

Im Baumgarten okulirt man bis zur Mitte des Monats; man sehe nach allen veredelten Stämmen, drücke an jungen Bäumen und Zwergbäumen alle überflüssigen Augen weg. Vertilge die Stammraupe; lege Steinobst.

Im Gemüsegarten säe Kohlarten, englischen Spinat, Rapunzeln und Carotten zum Herbstgebrauch. Spinat für Herbst, Winter und Frühjahr. Sommerendivien, Herbstrüben, märkische Rüben, Winterkresse; Zwiebeln und Winterzwiebeln für's Frühjahr. Pflanze Erdbeeren, Kohlarten und Gewürzkräuter aller Art.

In Waldungen ist darauf zu sehen, ob der Kiefernspinner sich vermehrt hat. Auch das Aufsuchen der Forleule, der Kiefernspannraupe, des Dämmerungsfalters und der Fichtenspinner wird noch fortgesetzt.

Vorsicht auf die Gesundheit.

Mit dem August neiget sich nach Ablauf der Hundstage der Sommer seinem Ende zu, und allmählig zeiget sich dann auch wieder ein merklicher Wechsel in Beziehung auf die Witterungsverhältnisse, die niemals ohne wesentlichen Einfluß auf die Gesundheit des Menschen bleibt. Im Allgemeinen dürfte jedoch auch für diesen Monat noch Dasjenige maßgebend sein und bleiben, was in den vorhergehenden Monaten gesagt worden ist.

Wenn die Fliederbeeren reif sind, soll man sie sammeln und einmachen; sie dienen vortrefflich als Arznei und werden allgemein des Bauern Teriak genannt. Auch pfleget man zwischen den zwei Frauentagen (Mariä Himmelfahrt und Mariä Geburt) verschiedene Kräuter zu sammeln und Wurzeln zu graben, die für Menschen und Thiere nutzbar zu verwenden sind. Insbesondere soll man das Wallkraut oder die Königskerz um diese Zeit sammeln, welches ein wahres Amulet ist in allen Katarrhen und besonders für den Schlag. Ferner noch Wegbreitblätter, Wermut, Odermennig, Pilsensamen, rothen und weißen Beifuß ꝛc. Vorzüglich sammeln auch die Jäger zu dieser Zeit das Hirschhorn.

Im September.

Was ein Hauswirth verrichten soll: Mit dem Graben von Brunnen und Anlegen von Wasserleitungen ist auch in diesem Monat noch die nöthige Vorkehrung zu treffen. Wo fette Aecker und Felder sind, auf denen sich das Wasser leicht sammelt oder gar stehen bleibet, pflegt man in diesem Monat zum drittenmale zu ackern. Die Aecker, so im Flachlande liegen, zum zweitenmal und magere an Abhängen liegende Aecker zum erstenmal. Doch muß ein jeder Landwirth selbst am besten zu beurtheilen verstehen, wie er seine Grundstücke zu behandeln hat, da er durch mehrjährige Praxis dieses wohl erlernen kann. Ferner sorge man, daß in diesem Monate das Spätobst eingesammelt werde.

Eben so können nun auch neue Wiesen mit Vortheil angelegt werden, und soll man Dornsträuche und Unkraut mit den Wurzeln vom Grund aus denselben ausrotten. Auch alte Wiesen soll man jetzt gehörig reinigen und wenn es für nöthig befunden wird, umackern.

Da die Pferde auch im Herbst noch immer ziemlich viele Arbeit haben, so soll auch in diesem Monate auf ihre Wart und Fütterung die gehörige Achtsamkeit verwendet werden.

Dem Hornvieh kann man, wenn man befürchtet mit dem Stroh den Winter hindurch nicht ausreichen zu können, nöthigenfalls auch mit dem Abfall der beim Brechen des Flachses und Hanfes sich ergibt, einstreuen.

Für die Schafe pflegt man in diesem Monat die Laubstreue zu sammeln. Man bindet auch das verhauene Weinholz in den Weinbergen zu kleinen Bündeln, steckt es auf die Weinpfähle und läßt es austrocknen, damit es später den Schafen als Winterfutter diene. Wenn der Herbst warm ist, und dessen Wärme anhält, so urtheilen viele darauf hin, daß es einen langen Winter gibt; und es ist dann gut, wenn man die Widder nicht zu früh zuläßt, damit die Lämmer erst nach dem Winter kommen.

Bezüglich der Schweine gilt dasselbe, was im verflossenen Monat von denselben erwähnt worden.

Die Mastung der Gänse nimmt ihren An-

fang; doch ist der Genuß derselben, so lange
sie nicht gehörig ausgewachsen sind, nicht gesund.

Wenn man von Bienen volkarme leichte
Stöcke hat, die voraussichtlich nicht durch den
Winter kommen, so vereinige man sie mit einem
andern, was man auch bei weisellosen Stöcken
thun muß. Die letzteren erkennt man daran,
wenn sie ihre Brutbienen oder Drohnen noch
nicht abgetödtet haben. Hat man seine Stöcke
in Strohringen, so nimmt man den Deckel des
Stockes oben weg und stellt den weisellosen oder
leichten Stock darauf.

Die meisten Gewächse reifen in diesem
Monat, daher erntet man spät gesäete Hülsen=
früchte, Rüben, Hanf, Sommerreps, Frühkar=
toffeln. Das Brachfeld wird geräumt und zur
Aufnahme der Wintersaat vorbereitet, die nun
vorzunehmen ist.

Zur Saat des Kornes ist es gut, wenn
man altes oder jähriges Korn zum Säen hat,
es überwintert besser und bekommt einen stär=
kern Stock. Man braucht nicht so viel davon,
es muß aber früh oder 14 Tage vor Michaeli
gesäet sein. Insbesondere soll man zum Säen die
beste Frucht auserlesen. Winterkorn will mehr
trockenen als feuchten Boden haben. Je besser
der Boden, desto mehr Ertrag der Körner. Es
wird wohl jeder Landmann am besten beurthei=
len lernen, wenn für seinen Grund und Boden
die beste Zeit zum Säen ist.

Schlechte Wiesen werden dadurch verbessert

daß man sie entsumpft und das schlechte Gras durch guten Grassamen zu ersetzen trachtet.

Die Hopfenernte beginnt und ist bei trockener und heiterer Witterung vorzunehmen, indem sonst die Dolden leicht überreif und unbrauchbar werden.

Im Baumgarten schneide man Brand- und Krebsflecken aus und lege Baumsalbe darauf; moose die Bäume ab und spüre der Raupe vom Baumweißling nach. Im Herbst soll man die Wurzeln der Bäume entblößen so weit, daß sie gesehen werden, und dann Mist daran legen; dieser soll dann noch vom Regen benetzt und den Wurzeln zugeführt werden. Dann bedecke man selbe wieder mit dem Erdreich. Auch soll man im Herbst den Bäumen das übrige Holz nehmen, damit sie über sich wachsen und in die Höhe treiben können, denn ein Baum soll über sich hoch in die Luft wachsen. Wo junge Bäume hinkommen sollen, grabe man Löcher zwei Schuh weit und tief.

Im Gemüsegarten säe Spinat, Winterkresse, Körbelkraut, Petersilie, Winterendivien, Salat und Kohlpflanzen aller Art.

Im Walde beginnt das Streurechen und erfordert geeignete Aufsicht. In niedrigen Lagen und versumpften Gegenden ist die beste Zeit zur Grabenräumung, da bekanntlich in diesem Monat der niedrigste Wasserstand ist.

Vorsicht auf die Gesundheit.

Mit diesem Monat tritt der Herbst ein, welcher für die Gesundheit der schädlichste und gefährlichste Theil des Jahres ist. Es ist für solche Menschen, so melancholischen Temperamentes sind, rathsam, in diesem Monat zu purgiren und auf die Milzader, welche an der linken Seite ist, sich zur Ader zu lassen; wogegen man im Frühjahr auf der rechten Seite zur Ader läßt. Alte Leute sollen sich bereits schon ziemlich warm halten und vor dem Genuße des Obstes in Obacht nehmen; überhaupt ist es rathsam, dieses mehr gekocht als im rohen Zustande zu genießen. Man lebe in dieser Jahreszeit wieder möglichst diät; der Genuß von Ziegen- und Schafmilch ist sehr zu empfehlen, die in diesem Monat eine Art Arznei sind. Wie das Uebermaß im Trunke zu jeder Zeit in physischer und moralischer Beziehung nachtheilig ist, und den Menschen unter das unvernünftige Thier herabwürdiget, so ist insbesondere jetzt die Trunksucht von Nachtheil, denn die Hitze, so dadurch erzeugt wird, geht nun nicht mehr aus dem Leibe, sondern die natürliche Wärme wird dadurch zurück und in die Leber und in die Glieder getrieben. Wenn nun Hitze zu Hitze kömmt, so entzündet sich die Leber oder andere Theile des Körpers, und es entstehen dann böse Fieber, so der Mensch nicht so schnell und leicht vom Halse sich schaffen kann.

Im Oktober.

Was ein Hauswirth verrichten soll: Vor Allem geziemt es sich, in diesem oder dem vorhergehenden Monat, daß jeder Hausvater mit den Seinigen Gott dem Geber alles Guten für den erlangten Erntesegen vom Herzen danket und ihn um seinen ferneren Beistand inständig bittet. Im Oktober sorge man nun, daß die nöthigen Wasserarbeiten zu Ende gebracht werden; desgleichen die Einerntungsgeschäfte und die Wintersaat; man stürze die Stoppelfelder, die mit Hopfen oder Gerste bestellt werden; so bald Regengüsse eintreten, muß die Bewässerung der Wiesen wieder beginnen. Man dünge gehörig die Felder, so für künftigen Sommer zum Bau der Gerste bestimmt sind. Auch das Einmachen des Krautes hat zu Ende dieses Monats zu geschehen.

Alle Sämereien sollen vor Gallus aus der Erde genommen und in die Keller gebracht oder gesetzt sein, als Kartoffel, Rüben, Kohl u. dgl. Auch das Einsammeln von Eicheln soll man fleißig betreiben.

Den Pferden reinige im abnehmenden Monde die Mäuler fleißig und mische ihnen Wicken= und Erbsenstroh unter das Futter, dieses ist gut gegen die Würmer.

Dem Rindvieh ist um diese Zeit das Gras nicht mehr zuträglich; es macht ihm nur volle Bäuche, gibt aber keine Kraft. Man soll es nun nur mehr des Mittags bei Sonnenschein aus dem Stall treiben. Um diese Zeit beginnt auch das Jungvieh und die Kälber abzunehmen und gering zu werden; man gebe ihm daher Kleinfutter aus den Scheunen, wenn man drischt.

Die Schweine sind nun in die Mastung zu bringen und fleißig zu pflegen, daß sie, ehe die Kälte eintritt, fett werden, denn sonst ist es zu spät und gedeihen dieselben nicht mehr wohl. Korn= und Gerstenspreu gibt für die Schweine ein gutes Winterfutter, wenn man es einmal durch die Mühle gehen läßt.

Das Federvieh ist zu dieser Zeit auch fleißig zu warten, damit es sich für den Winter gut erhält. Den Hühnern gib gesottenen Haber, so legen sie lieber.

Bei den Bienen ist die Wachsamkeit gegen Räuber, welche den Bienenvätern so viel Verdruß machen, zu verdoppeln. Gegen Räuberei sind folgende Regeln zu empfehlen: An einem flugbaren Tag darf nie gefüttert werden und hat dieß Abends von Oben zu geschehen. Die Fluglöcher sind im Herbst und Frühling so klein zu halten, daß nur 2—3 Bienen neben einander hinein können, und jede anderweitige Oeffnung des Stockes muß man sorgfältig verstreichen.

Das Lagerobst sammelt man, läßt es bei trockenem Wetter des Nachts unter dem Baum liegen und ausschwitzen, gegen Mittag sucht man in der Sonne das beste aus, trocknet es wohl ab und verwahret es auf geeignete Weise.

Bäume sind jetzt auszuheben und zu versetzen. Auch ist es gut, wenn man selbe zum Schutz gegen Hasen mit Dornen umbindet.

Im Garten räume ebenfalls auf und säe zu Anfang des Monats Porre, Winterzwiebeln, Perlauch, Winterendivien und Winterkresse. Pflanze im Keller Blumenkohl, Kohlrabi und Wirsing im Sande.

Im Wald ist der reife Samen der Edeltanne, Eiche, Buche, Erle 2c. zu sammeln und nach Umständen .entweder sogleich auszusäen oder bis zum Frühjahr zu verwahren. Die Pflanzungen des Nadel= und des Laubholzes werden vorgenommen. Der Kiefernspinner wählt bei Frost seinen Winterort und kann aufgesucht werden.

Vorsicht auf die Gesundheit.

In diesem Monat kann man wohl noch Arznei gebrauchen oder solche Speisen zu sich nehmen, welche den Körper ausreinigen, wie solche im vorigen Monat angezeigt sind. — Nur hüte man sich vor zu vielem Genuß des Mostes, denn dieser verstopfet die Leber und Nieren, verursacht Wassersucht, Stein und andere Krankheiten, schadet der Leber, Milz, Blasen und Nieren. Der Genuß von Wildpret, Vögeln, Gänsen ist nun gesund und besonders zu empfehlen. Mäßiger Genuß von Rüben und Rettigen ist in diesem Monat sehr zuträglich; auch Knoblauch dienet vorzüglich in jenen Gegenden, wo man unreines Trinkwasser hat, wenn man täglich Morgens einen kleinen Theil hievon nüchtern genießt.

Im November.

Was ein Hauswirth verrichten soll: Mit diesem Monat nahet sich der Winter und die Arbeiten auf dem Felde werden allgemach zu Ende geführt. Dagegen beginnen nun wieder die Arbeiten im Haushalt, so da sind: Spinnen und Federschleißen, wo nicht selten von mehreren Häusern die Bekannten zusammen kommen und ein gesitteter Hausvater vor Allem Sorge tragen wird, daß Zucht und Ehrbarkeit nicht verletzt werden. In diesem Monat beginnt auch das Einpöckeln und Räuchern der verschiedenen Fleischgattungen, damit man für die kommende Zeit seinen gehörigen Vorrath habe. Der Pferdemist ist ein hitziges Düngmittel, weßhalb man denselben im Sommer nicht gerne verwendet. Aber auf die Wintersaat geführet, wenn der Acker hart gefroren und wenn er etwas dünne darauf gebreitet wird, ist er sehr gut; denn die Saat liegt dann warm darunter, sonderlich, wenn es darauf schneiet. Das Ausdreschen des Getreides ist fortzusetzen und möglichst zu fördern. Wenn das Kehren der Kamine erfolgt, soll man den Ruß zerstoßsen und auf Grasböden oder an Bäume streuen. Auch sorge man, daß die Brunnenleitungen vor dem Frost gehörig geschützt werden, und man nicht Mangel an Trinkwasser erleiden muß.

Die Pferde soll man insbesondere zu der Zeit in Acht nehmen, wenn das Wasser beginnet zu frieren und das Eis noch nicht trägt; denn es geschieht den armen Thieren dabei unendlich wehe, weil das Eis zu scharf ist und sie wie Glas in die Füße schneidet.

Dem Rindvieh soll man namentlich vier Wochen vor und nach Weihnachten wohl und fleißig warten, das nützt ihm für spätere Zeit, namentlich wenn der Winter länger dauert, ungemein. Wenn man ihm dann gleich nach Auswärts, wann das Futter auszugehen anfängt, nicht mehr so gütlich thun kann, so übersteht es dieses leichter als zu jetziger Zeit.

In diesem Monate läßt man auch die Widder zu den Schafen und die Böcke zu den Ziegen, und sorget für geeignete Nachzucht.

Gänse und Hühner, namentlich letztere, soll man an warmen Orten unterbringen, damit selbe um so eher legen und brüten, und man bald Junge bekömmt.

Bei den Bienen ist noch fortwährend auf die Räuber die gehörige Sorgfalt zu verwenden. Bienenstöcken, in denen der Honigvorrath nicht über den Winter reicht, ist jetzt das Fehlende zu geben, wenn es wegen des Wetters ohne Gefahr geschehen kann. Soll ein Stock durch den Winter kommen, so muß derselbe mit Korb, Brett, Honig und Volk wenigstens 20—30 Pfund wiegen.

Je nachdem die Witterung es erlaubt, können Stoppelfelder noch gepflügt und gedüngt werden. Den Wasserfurchen muß man eine besondere Aufmerksamkeit widmen und sind nirgends Wasseransammlungen zu dulden.

Höher liegende Wiesen kann man mit Mistjauche düngen; auf sauere und bemooste Wiesen paßt jedoch hitziger Dünger, wie Asche, Aescherich, Kalk u. s. w. besser.

Wo die Hopfenstöcke noch nicht behackt und gedüngt sind, muß es jetzt geschehen. Zu neuen Hopfenanlagen muß man den Boden zum zweitenmal umgraben und zugleich den Dünger unterbreiten.

Die Gartengeschäfte ruhen in diesem Monate allenthalben und ist nur dafür zu sorgen, daß man auf die Vorräthe, welche man in den Kellern und sogenannten Einsetzen untergebracht hat, gehörige Nachsicht pflege.

Im Walde beginnen die Hauungen auf den Höhen und selbst das Unterholz in Mittelwaldungen wird gefüllt. Die Fichtenzapfen werden gebrochen. Um die Vertilgung der Forleule und der übrigen verpuppten Insekten zu erzielen, ist der Eintrieb der Schweine zu veranlassen.

Vorsicht auf die Gesundheit.

Nachdem nun allmählig die Kälte mehr auftauchet, ist der Gebrauch von Bädern und Aderlässen zu unterlassen, denn es würde dieses der Gesundheit nur Nachtheil bringen. Man soll nun auch insbesondere nur warme Speisen genießen, und diese gehörig würzen. Der mäßige Genuß von gutem alten Wein ist nunmehr auch zu empfehlen. Man hüte sich im Winter insbesondere kein Schneewasser zu trinken, denn davon kann man die Schwindsucht und viele andere Krankheiten bekommen.

Im Dezember.

Was ein Hauswirth verrichten soll: Da in diesem Monate die Arbeiten ausser dem Hause nicht viele sind, so werden die Verrichtungen in demselben desto fleißiger gepflogen. Man flechtet Körbe aus Weiden, Bienenkörbe aus Stroh, und verrichtet sonstige nützliche Hausgeschäfte. Wenn das Korn ohne Düngung gesäet worden, so kann man jetzt, wenn der Frost den Wagen trägt, Mist darauf führen und dünn über die Saat ausbreiten, es gibt dann eine gute Ernte. Wenn der Schneekönig, ein kleines graues Vögelchen, noch kleiner als der Sperling, sich den Häusern nahet und schreiet, so ist es ein Anzeichen von vielem Schnee und großer Kälte. Die Keller und

Gewölbe verwahre man jetzt fleißig mit Stroh-
decken.

Den Pferden muß man zur Winterszeit,
wenn Glatteis ist, immer gut die Eisen schär-
fen lassen, damit sie auf schlechten Wegen nicht
fallen und Schaden nehmen.

Das Rindvieh muß man in der Kälte
fleißig warten, und vor Allem wohl mit Nahrung versehen, auch alle Ritzen und Löcher
in den Ställen wohl vermachen, damit das
Vieh gehörig warm steht; dabei ist Reinlichkeit der Ställe besonders zu empfehlen. Das
nahrhafte Futter soll man dem Vieh vor Weihnachten verfüttern; nach Weihnachten behilft
es sich mit dem Futter leichter. Den Kälbern
soll man öfters die Zunge aufheben, befinden
sich weiße Warzen darunter, soll man solche
mit einer scharfen Beißzange abzwicken, dann
Knoblauch zerstoßen, mit Salzwasser und Essig
vermischen und den verletzten Ort damit wa-
schen, dann drei oder vier Tage lang Morgens
und Abends mit Honig bestreichen.

Den Schweinen gebe man jetzt Hanf
oder etwas Schießpulver zu fressen; dieses
schützt sie vor den Finnen. Von diesem Monat an bis zum Anfang des Frühlings lasse
man die Schweine zu den Bären, dann werfen
sie im Sommer, was am besten ist; denn im
Winter erfrieren die Ferkel leicht. Vor Weihnachten beginnet auch das Schlachten der
Schweine und das sorgfältige Einsurren und

Räuchern des Schweinefleisches zum Vorrath für den Sommer.

Den Gänsen soll man nach Weihnachten nicht mehr zu viel zu fressen geben, damit sie nicht zu fett werden und lieber Eier legen.

Den Hühnern kann man jetzt Brod fein würflich schneiden, auf dem Ofen dörren und so denselben warm vorstreuen. Auch Haber, Gerste oder Erbsen kann man ihnen auf gleiche Weise geben; es ist ihnen gesund und legen gerne darauf.

Die Bienen sind nun in ihrem Winterquartier, wo ihnen die strengste Kälte nichts thut, wenn sie nur Nahrung genug haben. Gibt es noch warme, sonnige Tage, und ist der Boden vom Schnee frei, so gestatte man ihnen den Ausflug, damit sie sich reinigen können; wenn aber Schnee kommt, vermache man die Fluglöcher mit einem durchlöcherten Blech, damit die Mäuse nicht eindringen können. Gegen rauhe Winde und Frost, sowie gegen Sonnenschein bedecke freistehende Bienenstöcke mit Säcken, denn: „Nicht zu kalt und nicht zu warm, so ist's gut für jeden Schwarm."

Auf Wiesen, welche mager sind und Brandflecken haben, soll man in diesem Monat Schlamm, gute geruhete Graben- und andere Erde, Mergel u. dergl. führen; sie werden sichtlich gedeihen.

Die Gartengeschäfte ruhen und es ist

für geeignete Aufbewahrung und Ausscheidung der an luftigen Orten getrockneten Sämereien Sorge zu tragen.

Aus dem Walde sorge man nun den nöthigen Vorrath an Brenn= und Bauholz zu schaffen, daß man daran keinen Mangel habe; die beste Zeit hiezu ist, wenn der Boden hart gefroren ist. Bauholz soll man zwei oder drei Tage vor dem Neumond fällen, das soll kein Wurm angreifen und besonders dauerhaft sein.

Vorsicht auf die Gesundheit.

In dem letzten Monat des Jahres beginnet der Winter und bringet uns die kälteste Jahreszeit; es ist daher vor Allem nothwendig, man sorge für entsprechend warme Kleidung; denn der Winter erzeuget im menschlichen Körper mancherlei Krankheiten und Gebrechen, und ist daher wohl zu beachten, daß man der unbeständigen Witterung gemäß sich verhalte, die nicht selten zu dieser Zeit vorherrschend ist. Es wird angerathen, im Winter mehr zu essen als zu trinken, vorzüglich Gebratenes, denn dadurch wird der Leib mehr erwärmet. Auch der Genuß von Kräutern und Wurzeln, so das Herz stärken und in dem Körper Wärme erzeugen, wird besonders empfohlen.

Somit wären nun die wichtigsten Haus-, Feld- und Gartengeschäfte ꝛc. nach den zwölf Monaten durchgenommen und glauben wir hoffen zu können, daß jeder Landwirth bei Beachtung derselben stets einen wohlgeordneten Hausstand sich erhalten werde und ein ersprießliches Gedeihen erhoffen dürfe.

In gleicher Weise werden auch die denselben angefügten Gesundheitsregeln für Viele sich wesentlich von Nutzen erweisen.